manzana

apple

pera

pear

naranja

orange

limón

lemon

uvas

grapes

fresa

strawberry

sandía

watermelon

coco

coconut

plátano

banana

frambuesa

raspberry

kiwi

kiwi

cereza

cherry

arándano

blueberry

ciruela

plum

melocotón

peach

higo

fig

piña

pineapple

mango

mango

caqui

persimmon

coliflor

cauliflower

calabacín

 zucchini

courgette

berenjena

eggplant

zanahoria

carrot

patata

potato

repollo

cabbage

tomate

tomato

espinacas

spinach

brócoli

broccoli

guisantes

peas

calabaza

pumpkin

calabaza

butternut squash

aguacate

avocado

alcachofa

artichoke

seta

mushroom

rábano

radish

ajo

garlic

cebolla

onion

remolacha

🇺🇸 beet
🇬🇧 beetroot

puerro

leek

pimiento

bell pepper

chile

 chili pepper
chilli pepper

espárragos

asparagus